für

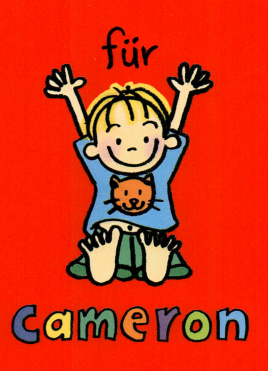

Cameron

Originaltitel: flappy waggy wiggly
Little Rocket Books, ein Unternehmen von Magi Publications
22 Manchester Street, London W1M 5PG, United Kingdom

Für die deutschsprachige Ausgabe:
© 1999 by OZ Verlag GmbH, Rheinfelden
Text & Illustrationen © Amanda Leslie 1999
Deutsche Textfassung © Norbert Landa 1999

EDITION KLEINER BÄR im OZ VERLAG

ISBN 3-933813-02-6

Amanda Leslie

Das Wedel Wickel Wackel Buch

OZ VERLAG

Wauwau!

Wer hat gelben schwanz eine Schlabber

einen Wedel- und rote zunge?

Wer einen Wackel und viele

hat grünen schwanz viele Zähne?

Kodil

Klipp Klapp!

Wer hat grauen und Schlabber

Tröööööt!

Wer hat blauen Schwanz einen Quacke

einen mit und Schnurre-Bart?

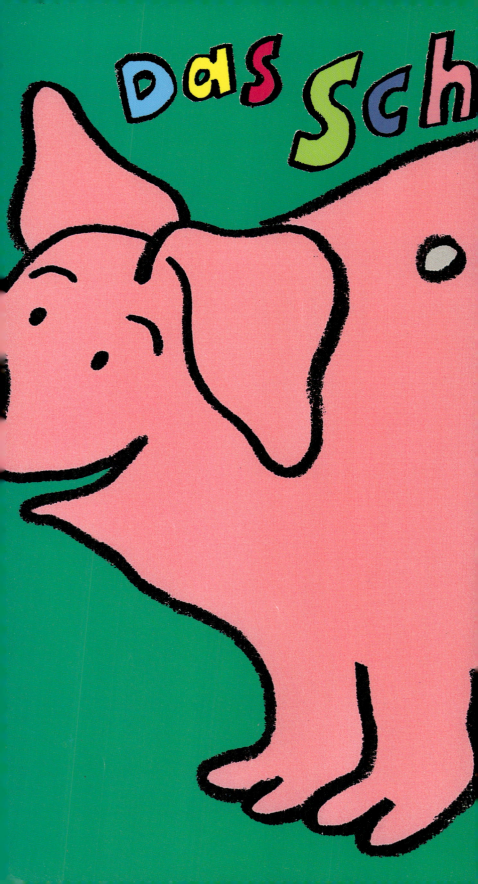

eine schnauze ein Ringel-chen?

einen Wackel- und gelben Schnabel?

Wer hat Schnüffel und rosa Schwänz

Oink Oink!

hat rote und Schlingel-Schwanz?

Grrrgrrr!

Wer hat Schwanz Streifen einen Burre-

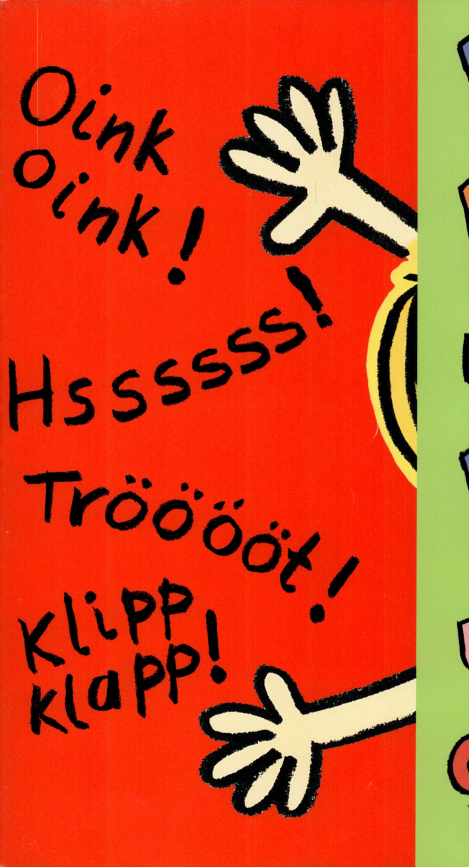

zehn finger hat zehn zehen macht den Lärm?